Temor y Temblor

Sören Kierkegaard

Publié par

GOLDEN BOOKMARK PUBLISHING

Courriel : goldenbookmarkpublishing@gmail.com

Pour plus de détails ou pour toute demande de renseignements, veuillez contacter l'éditeur à l'adresse e-mail ci-dessus.

Publié pour la première fois par GOLDEN BOOKMARK PUBLISHING en 2025

Golden Bookmark

Contents

Introducción

No solo en el mundo del comercio, sino también en el mundo de las ideas, nuestra época ha organizado una venta de liquidación regular. Todo se puede obtener a precios absurdamente bajos que muy pronto surgirá la pregunta de si a alguien le importa hacer una oferta. Todo camarero con un giro especulativo que marca cuidadosamente el progreso significativo de la filosofía moderna, todo conferenciante en filosofía, todo tutor, estudiante, todo pegador y abandonador de la filosofía: ninguno de ellos se contenta con dudar de todo, sino que "sigue adelante". Podría, posiblemente, ser inoportuno e inadecuado preguntarles adónde se dirigen; pero sin duda es educado y modesto dar por sentado que han dudado de todo; de lo contrario, sería una declaración curiosa para ellos decir que están avanzando. Así que todos ellos han completado esa operación preliminar y, al parecer, con tanta facilidad que no consideran necesario desperdiciar una palabra sobre cómo lo hicieron. El hecho es que ni siquiera aquel que buscó ansiosamente y con un espíritu atribulado algún pequeño punto de información, encontró jamás una, ni ninguna instrucción, ni siquiera alguna pequeña prescripción dietética sobre cómo se debe llevar a cabo esta enorme tarea. "¿Pero no procedió Descartes de esta manera?" ¡Descartes, en efecto! ese venerable, humilde y honesto pensador cuyos escritos, seguramente, nadie puede leer sin profunda emoción. Descartes hizo lo que dijo, y dijo lo que hizo. ¡Ay, ay! ¡eso es algo muy raro en nuestros tiempos! Pero Descartes, como dice con suficiente frecuencia, nunca expresó dudas acerca de su fe...

En nuestros tiempos, como se mencionó, nadie se contenta con la fe, sino que "sigue adelante". La pregunta sobre adónde se dirigen puede ser una pregunta tonta; mientras que es un signo de urbanidad y cultura asumir que todos tienen fe, para empezar, pues de lo contrario sería una declaración curiosa para ellos decir que están avanzando. En los tiempos antiguos era diferente. Entonces, la fe era una tarea para toda una vida porque se consideraba que la competencia en la fe no se ganaba en unos pocos días o semanas. Por lo tanto, cuando el probado patriarca sentía que se acercaba su fin, después de haber luchado sus batallas y preservado su fe, todavía era lo suficientemente joven de corazón como para no haber olvidado el temor y el temblor que disciplinaron su juventud y que el hombre maduro tiene bajo control, pero que nadie supera completamente, excepto en la medida en que logra "seguir adelante" lo más pronto posible. La meta que aquellos venerables hombres alcanzaron al final, en ese punto comienza cada uno en nuestros tiempos, para "seguir adelante".

Preparación

Vivía un hombre que, cuando era niño, había escuchado la hermosa historia bíblica de cómo Dios tentó a Abraham y cómo él superó la prueba, cómo mantuvo su fe y, contra sus expectativas, recibió a su hijo de vuelta. A medida que este hombre crecía, leía esta misma historia con una admiración cada vez mayor; pues ahora la vida había separado lo que había sido unido en la reverente simplicidad del niño. Y cuanto más envejecía, más frecuentemente sus pensamientos volvían a esa historia. Su entusiasmo se hacía cada vez más fuerte, y sin embargo, la historia se volvía cada vez menos clara para él. Finalmente, olvidó todo lo demás pensando en ella, y su alma contenía solo un deseo: ver a Abraham; y solo una añoranza: haber sido testigo de ese evento. Su deseo no era ver las hermosas tierras de Oriente, ni el esplendor de la Tierra Prometida, ni la reverente pareja cuya vejez el Señor había bendecido con hijos, ni la venerable figura del anciano patriarca, ni la vigorosa juventud de Isaac dada por Dios; le habría sido lo mismo si el evento hubiera ocurrido en un yermo estéril. Pero su deseo era haber estado con Abraham en el viaje de tres días, cuando cabalgó con la tristeza delante de él y con Isaac a su lado. Su deseo era haber estado presente en el momento en que Abraham levantó sus ojos y vio el Monte Moriah a lo lejos; haber estado presente en el momento en que dejó atrás a sus asnos y subió solo con Isaac al monte. Porque la mente de este hombre no estaba ocupada con las delicadas fantasías de la imaginación, sino más bien con su pensamiento estremecedor.

El hombre del que hablamos no era un pensador, no sentía ningún deseo de ir más allá de su fe: le parecía el destino más glorioso ser recordado como el Padre de la Fe, y una suerte más envidiable poseer esa fe, aunque nadie lo supiera.

El hombre del que hablamos no era un exégeta erudito, ni siquiera entendía hebreo; quién sabe si el conocimiento del hebreo podría haberle ayudado a entender fácilmente tanto la historia como a Abraham.

I

Y Dios tentó a Abraham y le dijo: toma a Isaac, tu único hijo, a quien amas y ve a la tierra de Moriah y sacrifícalo allí en un monte que yo te mostraré.

Era temprano en la mañana, Abraham se levantó temprano y mandó ensillar sus asnos. Partió de su tienda, e Isaac con él; pero Sara los miró por la ventana hasta que estuvieron fuera de vista. Silenciosamente cabalgaron durante tres días; pero en la cuarta mañana Abraham no dijo ni una palabra, sino que levantó sus ojos y vio el Monte Moriah a lo lejos. Dejó a sus siervos atrás y, llevando a Isaac de la mano, se acercó al monte. Pero Abraham se dijo a sí mismo: "Seguramente ocultaré a Isaac a dónde va". Se detuvo, puso su mano sobre la cabeza de Isaac para bendecirlo, e Isaac se inclinó para recibir su bendición. Y el aspecto de Abraham era paternal, su mirada era suave, su habla admonitora. Pero Isaac no lo entendió, su alma no se elevó hacia él; abrazó las rodillas de Abraham, le suplicó a sus pies, rogó por su joven vida, por sus hermosas esperanzas, recordó la alegría en la casa de Abraham cuando nació, le recordó la tristeza y la soledad que habría después de él. Entonces Abraham levantó al joven y lo llevó de la mano, y sus palabras estaban llenas de consuelo y amonestación. Pero Isaac no lo entendió. Ascendió al Monte Moriah, pero Isaac no lo entendió. Entonces Abraham apartó su rostro por un momento; pero cuando Isaac miró de nuevo, el rostro de su padre había cambiado, su mirada era salvaje, su aspecto terrible, agarró a Isaac y lo arrojó al suelo y dijo: "Muchacho tonto, ¿crees que soy tu padre? Soy un idólatra. ¿Crees que es el mandato de Dios? No, sino mi placer". Entonces Isaac tembló y gritó en su miedo: "Dios en el cielo, ten piedad de mí, Dios de Abraham, ten misericordia de mí, no tengo padre en la tierra, sé tú entonces mi padre". Pero Abraham dijo suavemente para sí mismo: "Padre en el cielo, te doy gracias. Mejor es que él me crea inhumano que pierda su fe en ti".

Cuando el niño debe ser destetado, su madre ennegrece su pecho; porque sería una pena que su pecho le pareciera dulce cuando no debe tenerlo. Entonces el niño cree que su pecho ha cambiado; pero su madre siempre es la misma, su mirada está llena de amor y tan tierna como siempre. ¡Feliz aquel que no necesitó peores medios para destetar a su hijo!

II

Era temprano en la mañana. Abraham se levantó temprano y abrazó a Sara, la novia de su vejez. Y Sara besó a Isaac quien había quitado la vergüenza de ella, Isaac, su orgullo, su esperanza para todas las generaciones venideras. Entonces los dos cabalgaron en silencio a lo largo de su camino, y la mirada de Abraham estaba fija en el suelo delante de él; hasta que en el cuarto día, cuando levantó sus ojos y vio el Monte Moriah a lo lejos; pero luego sus ojos buscaron nuevamente el suelo. Sin una palabra puso en orden las ramas y ató a Isaac, y sin una palabra desenvainó su cuchillo. Entonces vio el carnero que Dios había elegido, y lo sacrificó, y se dirigió de nuevo a casa... Desde ese día Abraham envejeció. No podía olvidar que Dios le había pedido esto. Isaac prosperó como antes; pero el ojo de Abraham se oscureció, no vio más la felicidad.

Cuando el niño ha crecido y debe ser destetado, su madre ocultará su pecho de manera virginal. Entonces el niño ya no tiene madre. ¡Feliz el niño que no perdió a su madre en ningún otro sentido!

III

Era temprano en la mañana. Abraham se levantó temprano; besó a Sara, la joven madre, y Sara besó a Isaac, su alegría, su deleite para todos los tiempos. Y Abraham siguió su camino, perdido en pensamientos; estaba pensando en Agar y su hijo a quienes había expulsado al desierto. Subió al Monte Moriah y sacó el cuchillo.

Era una tarde tranquila cuando Abraham salió solo, y cabalgó hasta el Monte Moriah. Allí se postró en el suelo y oró a Dios para que le perdonara su pecado al haber estado a punto de sacrificar a su hijo Isaac, y en que el padre había olvidado su deber hacia su hijo. Y, sin embargo, con más frecuencia seguía su camino solitario, pero no encontraba descanso. No podía comprender que fuera un pecado que hubiera querido sacrificar a Dios su posesión más preciada, aquel por quien más gustosamente habría muerto muchas veces. Pero, si era un pecado, si no había amado a Isaac así, entonces no podía comprender la posibilidad de que pudiera ser perdonado: ¿qué pecado más terrible?

Cuando el niño debe ser destetado, la madre no está sin tristeza de que ella y su hijo deban separarse cada vez más, de que el niño que primero había yacido bajo su corazón, y luego al menos descansado en su pecho, ya no estará tan cerca de ella. Así que se entristecen juntos por ese breve tiempo. ¡Feliz aquel que mantuvo a su hijo tan cerca de él y no necesitó entristecerse más!

IV

Era temprano en la mañana. Todo estaba listo para el viaje en la casa de Abraham. Se despidió de Sara; y Eliezer, su fiel sirviente, lo acompañó por un rato. Cabalgaron juntos en paz, Abraham e Isaac, hasta que llegaron al Monte Moriah. Y Abraham preparó todo para el sacrificio, calmada y suavemente; pero cuando su padre se volvió para desenvainar su cuchillo, Isaac vio que la mano izquierda de Abraham estaba tensada en desesperación y que un temblor sacudía su cuerpo, pero Abraham sacó el cuchillo.

Entonces volvieron a casa de nuevo, y Sara se apresuró a recibirlos; pero Isaac había perdido su fe. Nadie en el mundo dijo jamás una palabra sobre esto, ni Isaac habló con nadie sobre lo que había visto, y Abraham no sospechaba que alguien lo hubiera visto.

Cuando el niño debe ser destetado, su madre tiene preparada la comida más fuerte para que el niño no perezca. ¡Feliz aquel que tiene preparada esta comida más fuerte!

Así, y de muchas maneras similares, pensaba el hombre del que he mencionado sobre este evento. Y cada vez que regresaba, después de una peregrinación al Monte Moriah, se hundía en el cansancio, juntando sus manos y diciendo: "En verdad, nadie fue tan grande como Abraham, y ¿quién puede entenderlo?"

Un panegírico a Abraham

Si la conciencia de lo eterno no estuviera implantada en el hombre; si la base de todo lo que existe no fuera más que un elemento fermentado confusamente que, convulsionado por pasiones oscuras, produjera todo, tanto lo grande como lo insignificante; si bajo todo yaciera un vacío sin fondo que nunca se llenara, ¿qué otra cosa sería la vida sino desesperación? Si así fuera, y si no existieran vínculos sagrados entre hombre y hombre; si una generación surgiera tras otra, como en el bosque las hojas de una estación suceden a las de otra, o como las canciones de los pájaros que se toman una tras otra; si las generaciones del hombre pasaran por el mundo como un barco pasando por el mar y el viento sobre el desierto, una cosa inútil y vana; si el olvido eterno estuviera siempre vigilando vorazmente su presa y no existiera poder alguno lo suficientemente fuerte para arrebatarla de sus garras, ¡qué vacía sería entonces la vida, y qué lúgubre! Y por eso no es así; sino que, así como Dios creó al hombre y a la mujer, también llamó a la existencia al héroe y al poeta o al orador. Este último no puede realizar las hazañas del héroe; solo puede admirarlo y amarlo y alegrarse en él. Y sin embargo, también él es feliz y no menos; pues el héroe es, por así decirlo, su mejor yo con el que se ha enamorado, y se alegra de no ser él mismo el héroe, para que su amor pueda expresarse en admiración.

El poeta es el genio de la memoria, y no hace nada más que recordar lo que se ha hecho, no puede hacer nada más que admirar lo que se ha hecho. No añade nada propio, pero es celoso de lo que se le ha confiado. Obedece la elección de su propio corazón; pero una vez que ha encontrado lo que ha estado buscando, visita la puerta de cada hombre con su canción y con su discurso, para que todos admiren al héroe como él lo hace, y estén orgullosos del héroe como él lo está. Este es su logro, su humilde trabajo, este es su fiel servicio en la casa del héroe. Si así, fiel a su amor, lucha día y noche contra el engaño del olvido que desea atraer al héroe lejos de él, entonces ha cumplido su tarea, entonces es reunido con su héroe que lo ama con igual fidelidad; pues el poeta es, por así decirlo, el mejor yo del héroe, insustancial, por supuesto, como un mero recuerdo, pero también transfigurado como lo está un recuerdo. Por lo tanto, nadie será olvidado que haya hecho grandes hazañas; e incluso si hay demora, incluso si la nube de la incomprensión oscurece al héroe de nuestra visión, aún así su amante vendrá en algún momento; y cuanto más tiempo haya pasado, más fielmente se aferrará a él.

No, nadie será olvidado que fue grande en este mundo. Pero cada héroe fue grande a su manera, y cada uno fue eminente en proporción a las grandes cosas que amaba. Porque el que se amó a sí mismo se hizo grande por sí mismo, y el que amó a otros se hizo grande por su devoción, pero el que amó a Dios se hizo mayor que todos estos. Cada uno de ellos será recordado, pero cada uno se hizo grande en proporción a su confianza. Uno se hizo grande esperando lo posible; otro, esperando lo eterno; pero el que esperó lo imposible, se hizo mayor que todos estos. Cada uno será recordado; pero cada uno fue grande en proporción al poder con el que luchó. Porque el que luchó con el mundo se hizo grande superándose a sí mismo; pero el que luchó con Dios, se hizo el mayor de todos. Así ha habido luchas en el mundo, hombre contra hombre, uno contra mil; pero el que luchó con Dios, se hizo el mayor de todos. Así hubo combates en esta tierra, y hubo quien conquistó todo por su fuerza, y hubo quien conquistó a Dios por su debilidad. Hubo quien, confiando en sí mismo, ganó todo; y hubo quien, confiando en su fuerza, sacrificó todo; pero el que creyó en Dios fue mayor que todos estos. Hubo quien fue grande por su fuerza, y quien fue grande por su sabiduría, y quien fue grande por sus esperanzas, y quien fue grande por su amor; pero Abraham fue mayor que todos estos: grande por la fuerza cuyo poder es la debilidad, grande por la sabiduría cuyo secreto es la locura, grande por la esperanza cuya expresión es la locura, grande por el amor que es odio a uno mismo.

Por el impulso de su fe Abraham dejó la tierra de sus antepasados y se convirtió en un extraño en la tierra de la promesa. Dejó una cosa atrás y se llevó una cosa consigo: dejó atrás su sabiduría mundana y se llevó consigo la fe. Porque de otra manera no habría dejado la tierra de sus padres, sino que habría pensado que era una demanda irrazonable. Por su fe llegó a ser un extraño en la tierra de la promesa, donde no había nada que le recordara todo lo que le había sido querido, pero donde todo por su novedad tentaba su alma a la nostalgia. Y sin embargo, era el elegido de Dios, en quien el Señor se complacía. De hecho, si hubiera sido uno rechazado, uno expulsado de la misericordia de Dios, entonces podría haberlo comprendido; pero ahora parecía una burla de él y de su fe. Ha habido otros que vivieron en el exilio de la patria que amaban. No se les olvida, ni se olvida la canción de lamento en la que buscaron y encontraron con tristeza lo que habían perdido. De Abraham no existe ninguna canción de lamento. Es humano quejarse, es humano llorar con los que lloran; pero es más grande creer, y más bienaventurado considerar a quien tiene fe.

Por su fe Abraham recibió la promesa de que en su descendencia serían bendecidas todas las razas de la humanidad. Pasó el tiempo, aún había posibilidad de ello, y Abraham tenía fe. Hubo otro hombre que también vivió en esperanzas. Pasó el tiempo, se acercaba el anochecer de su vida; tampoco era él tan mezquino como para haber olvidado sus esperanzas: ¡tampoco será olvidado por nosotros! Entonces se afligió, y su aflicción no lo engañó, como lo había hecho la vida, sino que le dio todo lo que pudo; porque en la dulzura de la aflicción se hizo poseedor de sus esperanzas frustradas. Es humano afligirse, es humano afligirse con los que se afligen; pero es más grande tener fe, y más bienaventurado considerar a quien tiene fe.

No nos ha llegado ninguna canción de lamento de Abraham. No contaba tristemente los días a medida que pasaba el tiempo; no miraba a Sara con ojos sospechosos, si estaba envejeciendo; no detenía el curso del sol para que Sara no envejeciera y su esperanza con ella; no la arrullaba con sus canciones de lamento. Abraham envejeció, y Sara se convirtió en el hazmerreír de la gente; y sin embargo, era el elegido de Dios, y heredero de la promesa de que en su descendencia serían bendecidas todas las razas de la humanidad. ¿No habría sido mejor, entonces, si no hubiera sido el elegido de Dios? Porque, ¿qué es ser el elegido de Dios? ¿Es haber negado a uno en su juventud todos los deseos de la juventud para tenerlos cumplidos después de grandes esfuerzos en la vejez?

Pero Abraham tenía fe y vivió firmemente en la esperanza. Si Abraham hubiera sido menos firme en su confianza, entonces habría renunciado a esa esperanza. Habría dicho a Dios: "Así es, tal vez, no es tu voluntad, después de todo, que esto se cumpla. Renunciaré a mi esperanza. Era mi única esperanza, era mi dicha. Soy sincero, no oculto ningún rencor secreto porque me la hayas negado". No habría sido olvidado, su ejemplo habría salvado a muchos; pero no se habría convertido en el Padre de la Fe. Porque es grande renunciar a la propia esperanza, pero más grande aún es permanecer firme en ella después de haber renunciado; porque es grande aferrarse a la esperanza eterna, pero más grande aún es permanecer firme en las esperanzas mundanas después de haber renunciado a ellas.

Entonces llegó la plenitud del tiempo. Si Abraham no hubiera tenido fe, entonces probablemente Sara habría muerto de pena, y Abraham, embotado por su dolor, no habría comprendido el cumplimiento, sino que habría sonreído ante él como un sueño de su juventud. Pero Abraham tenía fe, y por eso permaneció joven; porque el que siempre espera lo mejor, la vida lo engañará, y envejecerá; y el que siempre está preparado para lo peor, pronto envejecerá; pero el que tiene fe, conservará la juventud eterna. ¡Alabanza, pues, a esta historia! Porque Sara, aunque avanzada en edad, era lo suficientemente joven como para desear los placeres de una madre, y Abraham, aunque canoso, era lo suficientemente joven como para desear ser padre. En un sentido superficial, puede considerarse milagroso que lo que desearon se cumpliera, pero en un sentido más profundo, el milagro de la fe se ve en que Abraham y Sara eran lo suficientemente jóvenes como para desear, y su fe había conservado su deseo y con él su juventud. La promesa que había recibido se cumplió, y la aceptó con fe, y se cumplió según la promesa y su fe; mientras que Moisés golpeó la roca con su vara pero no creyó.

Hubo alegría en la casa de Abraham cuando Sara celebró el día de su Boda de Oro.

Pero no iba a seguir así; pues una vez más Abraham iba a ser tentado. Había luchado con ese poder astuto al que nada le es imposible, con ese enemigo siempre vigilante que nunca duerme, con ese anciano que sobrevive a todos, había luchado con el Tiempo y había preservado su fe. Y ahora todo el terror de esa lucha se concentraba en un momento. "Y Dios tentó a Abraham, diciéndole: toma ahora a tu hijo único Isaac, a quien amas, y vete a la tierra de Moriah; y ofrécelo allí en holocausto sobre uno de los montes que yo te diré".

Todo estaba perdido, entonces, y más terriblemente que si nunca se le hubiera dado un hijo. El Señor solo había burlado a Abraham, entonces. Milagrosamente había realizado las esperanzas irracionales de Abraham; y ahora deseaba quitarle lo que le había dado. Una esperanza tonta había sido, pero Abraham no se había reído cuando se le había hecho la promesa. Ahora todo estaba perdido, la esperanza confiada de setenta años, la breve alegría en el cumplimiento de sus esperanzas. ¿Quién, entonces, es él que arrebata el bastón del anciano, quién es el que exige que él mismo lo rompa en dos? ¿Quién es él que deja desconsolada la cana de la vejez, quién es él que exige que él mismo lo haga? ¿No hay piedad para el venerable anciano, y ninguna para el inocente niño? Y sin embargo, Abraham era el elegido de Dios, y sin embargo, fue el Señor quien lo tentó. Y ahora todo iba a perderse. El glorioso recuerdo de él por toda una raza, la promesa de la descendencia de Abraham, todo eso no era más que un capricho, una fantasía pasajera del Señor, que Abraham ahora iba a destruir para siempre. Ese glorioso tesoro, tan antiguo como la fe en el corazón de Abraham, y muchos, muchos años más viejo que Isaac, el fruto de la vida de Abraham, santificado por las oraciones, madurado en luchas, la bendición en los labios de Abraham: este fruto ahora iba a ser arrancado antes del tiempo señalado, y a quedar sin significado; porque ¿qué significado tendría si Isaac fuera a ser sacrificado? Esa triste y sin embargo bendita hora en la que Abraham iba a despedirse de todo lo que le era querido, la hora en la que una vez más levantaría su venerable cabeza, cuando su rostro brillaría como el semblante del Señor, la hora en la que recogería toda su alma para una bendición lo suficientemente fuerte como para hacer que Isaac fuera bendecido todos los días de su vida, esa hora no iba a llegar. Iba a despedirse de Isaac, sin duda, pero de tal manera que él mismo quedara atrás; la muerte iba a separarlos, pero de tal manera que Isaac iba a morir. El anciano no iba a poner felizmente su mano sobre la cabeza de Isaac cuando llegara la hora de la muerte, sino, cansado de la vida, iba a poner manos violentas sobre Isaac. Y fue Dios quien lo tentó. ¡Ay, ay del mensajero que hubiera venido ante Abraham con tal mandato! ¿Quién se hubiera atrevido a ser el mensajero de tan terribles noticias? Pero fue Dios quien tentó a Abraham.

Pero Abraham tenía fe, y tenía fe para esta vida. De hecho, si su fe hubiera sido solo sobre la vida venidera, entonces podría haber arrojado todo más fácilmente, para apresurarse a salir de este mundo que no era suyo...

Pero Abraham tenía fe y no dudaba, sino que confiaba en que lo improbable sucedería. Si Abraham hubiera dudado, entonces habría emprendido algo más, algo grande y noble; porque ¿qué podría haber emprendido Abraham sino que fuera grande y noble? Habría procedido al Monte Moriah, habría partido la leña, y la habría encendido, y desenvainado su cuchillo; habría clamado a Dios: "No desprecies este sacrificio; no es, de hecho, lo mejor que tengo; porque ¿qué es un anciano contra un niño anunciado por Dios? pero es lo mejor que puedo darte. Que Isaac nunca sepa que debe encontrar consuelo en su juventud". Habría hundido el acero en su propio pecho. Y habría sido admirado en todo el mundo, y su nombre no habría sido olvidado; pero una cosa es ser admirado y otra, ser una estrella guía que orienta a una mente atribulada.

Pero Abraham tenía fe. No oró por misericordia y para prevalecer sobre el Señor: solo cuando se iba a visitar la retribución justa sobre Sodoma y Gomorra, Abraham se atrevió a suplicarle por misericordia.

Leemos en las Escrituras: "Y Dios tentó a Abraham, y le dijo: Abraham. Y él dijo: Heme aquí". Tú, a quien ahora me dirijo, ¿hiciste lo mismo? Cuando viste que se acercaban las terribles disposiciones de la Providencia, ¿no dijiste entonces a las montañas, Caed sobre mí; y a las colinas, Cubridme? O, si eras más fuerte en la fe, ¿no vaciló tu paso a lo largo del camino, anhelando los viejos caminos acostumbrados, por así decirlo? Y cuando la voz te llamó, ¿respondiste entonces, o no en absoluto, y si lo hiciste, tal vez en voz baja, o susurrando? No así Abraham, sino que con gusto y alegría y confianza, y con una voz resonante respondió: "Aquí estoy". Y leemos más: "Y Abraham se levantó temprano por la mañana". Se apresuró como si fuera para alguna ocasión gozosa, y temprano por la mañana estuvo en el lugar señalado, en el Monte Moriah. No dijo nada a Sara, nada a Eliezer, su mayordomo; pues ¿quién lo habría entendido? ¿Acaso no exigía su tentación por su propia naturaleza el voto de silencio? "Puso la leña en orden, y ató a Isaac su hijo, y lo puso en el altar sobre la leña. Y Abraham extendió su mano, y tomó el cuchillo para degollar a su hijo". ¡Oyente mío! Muchos padres han pensado que con su hijo perdieron lo más querido de todo lo que había en el mundo para ellos; sin embargo, seguramente ningún niño fue en ese sentido una prenda de Dios como lo fue Isaac para Abraham. Muchos padres han perdido a su hijo; pero entonces fue Dios, la voluntad inmutable e inescrutable del Todopoderoso y su mano quien lo tomó. No así con Abraham. Para él se reservó una prueba más severa, y el destino de Isaac se puso en la mano de Abraham junto con el cuchillo. Y allí estaba, el anciano, ¡con su única esperanza! Sin embargo, no dudó, ni miró ansiosamente a la izquierda o a la derecha, ni desafió al cielo con sus oraciones. Sabía que era Dios el Todopoderoso quien ahora lo ponía a prueba; sabía que era el mayor sacrificio que se le podía pedir; pero también sabía que ningún sacrificio era demasiado grande si Dios lo exigía, y sacó su cuchillo.

¿Quién fortaleció el brazo de Abraham, quién sostuvo su brazo derecho para que no se cayera impotente? Porque quien contempla esta escena se siente debilitado. ¿Quién fortaleció el alma de Abraham para que sus ojos no se nublaran demasiado para ver ni a Isaac ni al carnero? Porque quien contempla esta escena será golpeado por la ceguera. Y sin embargo, es lo suficientemente raro que uno se sienta debilitado o golpeado por la ceguera, y aún más raro que uno narre dignamente lo que allí tuvo lugar entre padre e hijo. Seguro que sabemos bien que fue solo una prueba.

Si Abraham hubiera dudado, al estar en el Monte Moriah; si hubiera mirado a su alrededor con perplejidad; si hubiera descubierto accidentalmente el carnero antes de desenvainar su cuchillo; si Dios le hubiera permitido sacrificarlo en lugar de a Isaac, entonces habría vuelto a casa, y todo habría sido como antes, habría tenido a Sara y habría conservado a Isaac; y sin embargo, ¡qué diferente habría sido todo! Porque entonces su regreso habría sido una huida, su salvación un accidente, su recompensa deshonra; su futuro, tal vez, perdición. Entonces no habría testificado ni de su fe ni de la misericordia de Dios, sino que habría testificado solo del terror de ir al Monte Moriah. Entonces Abraham no habría sido olvidado, ni tampoco el Monte Moriah. Se mencionaría, entonces, no como se menciona el Monte Ararat en el que aterrizó el Arca, sino como una señal de terror, porque allí Abraham dudó.

¡Venerable patriarca Abraham! Cuando regresaste a casa desde el Monte Moriah no necesitabas elogios para consolarte por lo que habías perdido; porque, de hecho, ganaste todo y aún conservaste a Isaac, como todos sabemos. Y el Señor no lo tomó más de tu lado, sino que te sentaste alegremente a la mesa con él en tu tienda como en la vida venidera lo harás, por todos los tiempos. ¡Venerable patriarca Abraham! Miles de años han pasado desde aquellos tiempos, pero aún no necesitas un amante tardío para arrebatar tu memoria del poder del olvido, porque cada idioma te recuerda, y sin embargo recompensas a tu amante más gloriosamente que a nadie, haciéndolo bendito en tu seno, y cautivando corazón y ojos por la maravilla de tu hazaña. ¡Venerable patriarca Abraham! ¡Segundo padre de la raza! Tú que primero percibiste y atestiguaste esa pasión ilimitada que tiene solo desprecio por la terrible lucha con los elementos furiosos y la fuerza de la creación bruta, para luchar con Dios; tú que primero sentiste esa más sublime de todas las pasiones, tú que encontraste la santa, pura y humilde expresión para la divina locura que fue un asombro para los paganos, perdona a quien quisiera hablar en tu alabanza, en caso de que no lo hiciera debidamente. Habló humildemente, como si se tratara del deseo de su corazón; habló brevemente, como es apropiado; pero nunca olvidará que necesitaste cien años para obtener un hijo en tu vejez, contra todas las expectativas; que tuviste que desenvainar el cuchillo antes de que se te permitiera conservar a Isaac; nunca olvidará que en ciento treinta años nunca llegaste más allá de la fe.

Expectoración preliminar

Un viejo dicho, derivado del mundo de la experiencia, dice que "el que no trabaja, no debe comer". Pero, por extraño que parezca, esto no se cumple en el mundo donde se piensa que es aplicable; porque en el mundo de la materia prevalece la ley de la imperfección, y vemos, una y otra vez, que también el que no trabaja tiene pan para comer, de hecho, que el que duerme tiene mayor abundancia de él que el que trabaja. En el mundo de la materia, todo pertenece a quienquiera que lo posea; está sujeto a la ley de la indiferencia, y quienquiera que posea el Anillo también tiene al Espíritu del Anillo a su disposición, sea ahora Noureddin o Aladdin, y quienquiera que controle los tesoros de este mundo, los controla, independientemente de cómo haya logrado hacerlo. Es diferente en el mundo del espíritu. Allí, prevalece un orden eterno y divino, allí la lluvia no cae sobre justos e injustos por igual, ni el sol brilla sobre buenos y malos por igual; pero allí se cumple el dicho de que "el que no trabaja, no debe comer", y solo el que ha sido atormentado encontrará descanso, y solo el que desciende al inframundo rescatará a su amado, y solo el que desenvaina su cuchillo recibirá a Isaac de nuevo. Allí, el que no trabaja, no comerá, sino que será engañado, como los dioses engañaron a Orfeo con una figura inmaterial en lugar de su amada Eurídice, lo engañaron porque estaba enfermo de amor y no era valiente, lo engañaron porque era un tañedor de cítara más que un hombre. Allí, no vale tener a Abraham por padre, o tener diecisiete ancestros. Pero en ese mundo el dicho sobre las doncellas de Israel se cumplirá para quien no trabaje: dará a luz viento; pero el que trabaje dará a luz a su propio padre.

Hay un tipo de aprendizaje que presumptuosamente introduciría en el mundo del espíritu la misma ley de la indiferencia bajo la cual el mundo de la materia gime. Se piensa que conocer a grandes hombres y grandes hazañas es suficiente, y que no es necesario otro esfuerzo. Y por lo tanto, este aprendizaje no comerá, sino que perecerá de hambre mientras ve que todas las cosas se transforman en oro con su toque. Y, en verdad, ¿qué sabe realmente este aprendizaje? Hubo muchos miles de contemporáneos, e innumerables hombres en tiempos posteriores, que sabían todo sobre los triunfos de Milcíades; pero solo hubo uno a quien hicieron perder el sueño. Han existido innumerables generaciones que conocían de memoria, palabra por palabra, la historia de Abraham; pero ¿a cuántos les ha quitado el sueño?

Ahora, la historia de Abraham tiene la notable propiedad de ser siempre gloriosa, en cualquier sentido limitado que se entienda; aún así, aquí también el punto es si uno tiene la intención de trabajar y esforzarse. Ahora la gente no quiere trabajar y esforzarse, pero desea sin embargo entender la historia. Alaban a Abraham, pero ¿cómo? Expresando el asunto en los términos más generales y diciendo: "lo grande de él fue que amaba a Dios tan ardientemente que estaba dispuesto a sacrificarle su posesión más preciada". Eso es muy cierto; pero "la posesión más preciada" es una expresión indefinida. A medida que los pensamientos y las palabras de uno avanzan, se asume, de manera muy fácil, la identidad de Isaac y "la posesión más preciada", y mientras tanto, quien está meditando puede fumar su pipa, y su audiencia cómodamente estirar las piernas. Si el joven rico que Cristo encontró en su camino hubiera vendido todas sus posesiones y dado todo a los pobres, lo alabaríamos como alabamos todo lo que es grande, sí, no lo entenderíamos sin trabajo; y sin embargo, nunca se habría convertido en un Abraham, a pesar de haber sacrificado las posesiones más preciadas que tenía. Lo que la gente generalmente olvida en la historia de Abraham es su miedo y ansiedad; porque en cuanto al dinero, uno no es éticamente responsable por él, mientras que por su hijo un padre tiene la responsabilidad más alta y sagrada. Sin embargo, el miedo es algo terrible para los espíritus timoratos, por lo que lo omiten. Y sin embargo desean hablar de Abraham.

Así que siguen hablando, y en el curso de su discurso los dos términos Isaac y "la cosa más preciosa" se usan alternativamente, y todo está en el mejor orden. Pero ahora supongamos que entre la audiencia había un hombre que sufría de insomnio, y entonces la más terrible y profunda, la más trágica, y al mismo tiempo la más cómica, incomprensión está dentro del rango de posibilidad. Es decir, supongamos que este hombre vuelve a casa y desea hacer como hizo Abraham; porque su hijo es su posesión más preciosa. Si cierto predicador se enterara de esto, tal vez iría a él, reuniría toda su dignidad espiritual y exclamaría: "¡Abominable criatura, escoria de la humanidad, qué diablo te poseyó para desear asesinar a tu hijo!" Y este predicador, que no había sentido ningún calor particular, ni había sudado mientras hablaba sobre Abraham, este predicador se asombraría a sí mismo de la seria ira con la que descargó sus truenos contra ese pobre desgraciado; de hecho, se alegraría de sí mismo, porque nunca había hablado con tal poder y unción, y habría dicho a su esposa: "Soy un orador, lo único que me ha faltado hasta ahora fue la ocasión. El domingo pasado, cuando hablé sobre Abraham, no me sentí emocionado en absoluto."

Ahora, si este mismo orador tuviera un poco de sentido común, creo que lo perdería si el pecador le respondiera, de manera tranquila y digna: "¡Pero si fue sobre este mismo asunto que predicó el domingo pasado!" Pero, ¿cómo podría el predicador haber tenido tales pensamientos? Aún así, tal fue el caso, y el error del predicador fue simplemente no saber de qué estaba hablando. Ah, ¡ojalá algún poeta pudiera ver claro preferir tal situación a las tonterías de las que están llenas las novelas y comedias! Pues lo cómico y lo trágico aquí corren paralelos hasta el infinito. El sermón probablemente fue lo suficientemente ridículo en sí mismo, pero se volvió infinitamente ridículo a través de la consecuencia muy natural que tuvo. O, supongamos ahora que el pecador fue convertido por esta conferencia sin atreverse a levantar ninguna objeción, y este celoso divino ahora se fue a casa exultante, feliz en la conciencia de ser efectivo, no solo en el púlpito, sino principalmente, y con un poder irresistible, como guía espiritual, inspirando a su congregación el domingo, mientras que el lunes se colocaría como un querubín con espada flamígera ante el hombre que con sus acciones trató de desmentir el viejo dicho de que "el curso del mundo no sigue la palabra del sacerdote".

Si, por otro lado, el pecador no estuviera convencido de su error, su posición se volvería trágica. Probablemente sería ejecutado, o enviado al manicomio, en cualquier caso, se convertiría en un sufridor en este mundo; pero en otro sentido, creo que Abraham lo hizo feliz; porque quien trabaja, no perecerá.

Ahora, ¿cómo explicaremos la contradicción contenida en ese sermón? ¿Se debe a que Abraham tiene la reputación de ser un gran hombre, de modo que todo lo que haga es grande, pero si otro intentara hacer lo mismo sería un pecado, un pecado atroz? Si este es el caso, prefiero no participar en tales alabanzas irreflexivas. Si la fe no puede hacer que sea algo sagrado desear sacrificar a su propio hijo, entonces que se le aplique el mismo juicio a Abraham que a cualquier otro hombre. Y si tal vez carecemos del valor para llevar nuestros pensamientos a la conclusión lógica y decir que Abraham fue un asesino, entonces sería mejor adquirir ese valor, en lugar de perder el tiempo en elogios inmerecidos. El hecho es que la expresión ética de lo que hizo Abraham es que quiso asesinar a Isaac; la religiosa, que quiso sacrificarlo. Pero precisamente en esta contradicción se contiene el miedo que bien puede robarle a uno el sueño. Y sin embargo, Abraham no sería Abraham sin este miedo. O, nuevamente, suponiendo que Abraham no hizo lo que se le atribuye, si su acción fue completamente diferente, basada en las condiciones de aquellos tiempos, entonces olvidémoslo; porque ¿de qué sirve recordar ese pasado que ya no puede convertirse en una realidad presente? O, tal vez, el orador había olvidado el hecho esencial de que Isaac era el hijo. Porque si se elimina la fe, habiendo sido reducida a nada, entonces solo queda el hecho brutal de que Abraham quería asesinar a Isaac, lo cual es fácil de imitar para todos los que no tienen fe, la fe, es decir, que lo hace más difícil para él...

El amor tiene a sus sacerdotes en los poetas, y a veces se oye la voz de un poeta que lo exalta dignamente. Pero no se oye una palabra de fe. ¿Quién hay para hablar en honor de esa pasión? La filosofía "sigue adelante". La teología se sienta en la ventana con un rostro pintado y solicita el favor de la filosofía, ofreciéndole sus encantos. Se dice que es difícil entender la filosofía de Hegel; pero entender a Abraham, ¡vaya, eso es fácil! Avanzar más allá de Hegel es una hazaña maravillosa, pero avanzar más allá de Abraham, ¡vaya, nada es más fácil! Personalmente, he dedicado una considerable cantidad de tiempo al estudio de la filosofía hegeliana y creo entenderla bastante bien; de hecho, soy lo suficientemente atrevido como para decir que cuando, a pesar de un esfuerzo, no soy capaz de entenderlo en algunos pasajes, es porque él mismo no está completamente claro sobre el asunto. Todo este esfuerzo intelectual lo realizo fácilmente y de manera natural, y no me causa dolor de cabeza. Por otro lado, cada vez que intento pensar en Abraham, me siento, por así decirlo, abrumado. En cada momento soy consciente del enorme paradoja que forma el contenido de la vida de Abraham, en cada momento me siento repelido, y mi pensamiento, a pesar de sus intentos apasionados, no puede penetrar en él, no puede avanzar ni un pelo. Tenso cada músculo para enfrentar el problema y me convierto en un paralítico en el mismo momento.

No estoy de ninguna manera desacostumbrado a lo que ha sido admirado como grande y noble, mi alma siente parentesco con ello, estando satisfecha, con toda humildad, de que también fue mi causa la que el héroe defendió; y al contemplar su hazaña me digo a mí mismo: "jam tua causa agitur". Soy capaz de identificarme con el héroe; pero no puedo hacerlo con Abraham, porque cada vez que alcanzo su altura, caigo de nuevo, ya que me enfrenta como la paradoja. No es de ninguna manera mi intención mantener que la fe es algo inferior, sino, por el contrario, que es lo más alto de todo; también que es deshonesto en la filosofía ofrecer algo más en su lugar y ridiculizar la fe; pero debería entender su propia naturaleza para saber lo que puede ofrecer. No debería quitar nada; menos aún, engañar a la gente con algo como si no tuviera valor. No estoy desacostumbrado a los sufrimientos y peligros de la vida, pero no los temo, y alegremente salgo a su encuentro... Pero mi coraje no es, por todo eso, el coraje de la fe, y no es nada comparado con él. No puedo realizar el movimiento de la fe: no puedo cerrar los ojos y lanzarme confiadamente en lo absurdo, es imposible para mí; pero tampoco me jacto de ello...

Ahora me pregunto si cada uno de mis contemporáneos es realmente capaz de realizar los movimientos de la fe. A menos que me equivoque mucho, están más bien inclinados a enorgullecerse de hacer lo que tal vez piensan que yo soy incapaz de hacer, es decir, el movimiento imperfecto. Repugna a mi alma hacer lo que tan a menudo se hace, hablar inhumanamente sobre grandes hazañas, como si unos pocos miles de años fueran un espacio de tiempo inmenso. Prefiero hablar de ellas de una manera humana y como si se hubieran hecho ayer, dejar que la gran hazaña misma sea la distancia que o me inspira o me condena. Ahora, si yo, en calidad de héroe trágico, porque un vuelo más alto no puedo tomar, si hubiera sido convocado a un progreso real tan extraordinario como el del Monte Moriah, sé muy bien lo que habría hecho. No habría sido tan cobarde como para quedarme en casa; tampoco me habría entretenido en el camino; ni habría olvidado mi cuchillo, solo para alargar un poco el final. Pero estoy bastante seguro de que habría estado puntualmente en el lugar, con todo en orden, de hecho, probablemente habría llegado antes de la hora señalada, para tener el asunto pronto resuelto. Pero también sé lo que habría hecho además. En el momento en que montara mi caballo, me habría dicho a mí mismo: "Ahora todo está perdido, Dios exige a Isaac, lo sacrificaré, y con él toda mi alegría, pero a pesar de todo, Dios es amor y lo seguirá siendo para mí; porque en este mundo Dios y yo no podemos hablar juntos, no tenemos un lenguaje común".

Es posible que uno u otro de mis contemporáneos sea lo suficientemente estúpido y envidioso de las grandes hazañas como para desear persuadirse a sí mismo y a mí de que, si hubiera actuado así, habría hecho algo incluso mayor que lo que hizo Abraham; porque mi sublime resignación fue (él cree) mucho más ideal y poética que la acción literal de Abraham. Y, sin embargo, esto no es en absoluto cierto, porque mi sublime resignación fue solo un sustituto de la fe. No podría haber hecho más que el movimiento infinito (de resignación) para encontrarme a mí mismo y descansar nuevamente en mí mismo. Tampoco habría amado a Isaac como lo amó Abraham. El hecho de que yo fuera lo suficientemente resuelto como para resignarme es suficiente para probar mi valentía en un sentido humano, y el hecho de que lo amara con todo mi corazón es la misma presuposición sin la cual mi acción sería un crimen; pero aún así, no amé como lo hizo Abraham, porque de lo contrario habría dudado incluso en el último minuto, sin, por cierto, llegar tarde al Monte Moriah. Además, habría arruinado todo el asunto con mi comportamiento; porque si me hubieran devuelto a Isaac, me habría sentido avergonzado. Lo que fue fácil para Abraham habría sido difícil para mí, quiero decir, regocijarme nuevamente en Isaac; porque quien con toda la energía de su alma proprio motu et propriis auspiciis ha hecho el movimiento infinito de resignación y no puede hacer más, retendrá la posesión de Isaac solo en su tristeza.

Pero ¿qué hizo Abraham? No llegó ni demasiado temprano ni demasiado tarde. Montó su asno y cabalgó lentamente en su camino. Y todo el tiempo tuvo fe, creyendo que Dios no le exigiría a Isaac, aunque estaba listo todo el tiempo para sacrificarlo, si se le exigía. Creyó esto por la fuerza de lo absurdo; porque ya no había lugar para cálculos humanos. Y la absurdidad consistía en que Dios, quien aún le hizo esta demanda, revocara su demanda en el mismo momento siguiente. Abraham ascendió la montaña y mientras el cuchillo ya brillaba en su mano, creyó que Dios no le exigiría a Isaac. Por supuesto, se sorprendió del resultado; pero por un doble movimiento regresó a su primer estado de ánimo y, por lo tanto, recibió a Isaac de vuelta con más alegría que la primera vez...

En esta altura, entonces, está Abraham. La última etapa que pierde de vista es la de la resignación infinita. Realmente procede más allá, llega a la fe. Pues todas estas caricaturas de la fe, la miserable pereza tibia, que piensa: “Oh, no hay prisa, no es necesario preocuparse antes de que llegue el momento”; y la miserable esperanza, que dice: "No se puede saber qué sucederá, podría ser que–", todas estas caricaturas pertenecen a la visión sórdida de la vida y ya han caído bajo el infinito desprecio de la resignación infinita.

Abraham, no puedo entenderte; y en cierto sentido no puedo aprender nada de ti sin quedar asombrado. Aquellos que se adulan a sí mismos creyendo que al considerar meramente el resultado de la historia de Abraham necesariamente llegarán a la fe, solo se engañan a sí mismos y desean engañar a Dios con el primer movimiento de la fe, lo que equivaldría a derivar sabiduría mundana del paradoja. Pero quién sabe, uno u otro de ellos puede tener éxito en esto; pues nuestros tiempos no se satisfacen con la fe, ni siquiera con el milagro de convertir el agua en vino, ellos "siguen adelante" convirtiendo el vino en agua.

¿No es preferible permanecer satisfecho con la fe, y no es indignante que todos deseen "seguir adelante"? Si la gente en nuestros tiempos se niega a estar satisfecha con el amor, como se proclama desde varios lados, ¿dónde terminaremos finalmente? En la astucia mundana, en el cálculo mezquino, en la insignificancia y la vileza, en todo aquello que pone en duda el origen divino del hombre. ¿No sería mejor mantenerse firme en la fe, y mejor que el que está firme tenga cuidado de no caer; porque el movimiento de la fe debe hacerse siempre en virtud de lo absurdo, pero, ten en cuenta, de tal manera que no se pierdan las cosas de este mundo sino que se recuperen completamente y en su totalidad.

En lo que a mí respecta, soy capaz de describir excelentemente los movimientos de la fe; pero no puedo hacerlos yo mismo. Cuando una persona desea aprender a nadar, se suspende en un cinturón de natación y luego realiza los movimientos; pero eso no significa que pueda nadar. De la misma manera, también puedo hacer los movimientos de la fe; pero cuando me lanzan al agua, nado, por supuesto (pues no soy un vadeador en las aguas superficiales), pero realizo un conjunto diferente de movimientos, a saber, los de la infinitud; mientras que la fe hace lo opuesto, es decir, realiza los movimientos para recuperar lo finito después de haber hecho los de la resignación infinita. Bendito sea quien puede hacer estos movimientos, pues realiza una hazaña maravillosa, y nunca me cansaré de admirarlo, ya sea Abraham mismo o el esclavo en la casa de Abraham, ya sea un profesor de filosofía o una pobre sirvienta: todo es igual para mí, pues solo tengo en cuenta los movimientos. Pero estos movimientos los observo de cerca, y no seré engañado, ni por mí mismo ni por nadie más. Los caballeros de la resignación infinita se reconocen fácilmente, pues su andar es danzante y audaz. Pero aquellos que poseen la joya de la fe frecuentemente engañan a uno porque su porte es curiosamente parecido al de una clase de personas profundamente despreciadas tanto por la resignación infinita como por la fe: los filisteos.

Permítanme admitir francamente que no he encontrado en mi experiencia ningún espécimen seguro de este tipo; pero no me niego a admitir que, hasta donde sé, cualquier otra persona puede ser tal espécimen. Al mismo tiempo diré que he buscado en vano durante años. Es costumbre de los científicos viajar por el mundo para ver ríos y montañas, nuevas estrellas, aves de colores vivos, peces deformes, razas ridículas de hombres. Se abandonan a un estupor bovino que se maravilla de la existencia y creen haber visto algo que vale la pena. Todo esto no me interesa; pero si supiera dónde vivía un caballero de la fe, viajaría a pie hasta él, pues ese milagro ocupa mis pensamientos exclusivamente. No lo dejaría fuera de mi vista ni un momento, sino que observaría cómo hace los movimientos, y me consideraría provisto de por vida, y dividiría mi tiempo entre observarlo a él y practicar yo mismo los movimientos, y así usaría todo mi tiempo en admirarlo.

Como dije, no he conocido a tal persona; pero puedo imaginarlo fácilmente. Aquí está. Hago su conocimiento y me presentan a él. El primer momento en que pongo mis ojos en él, lo empujo hacia atrás, saltando yo mismo hacia atrás, levanto mis manos en asombro y me digo a mí mismo: "¡Dios mío! ¿esa persona? ¿Es realmente él? ¡Vaya, parece un sacristán!" Pero realmente es él. Me familiarizo más con él, observando cada uno de sus movimientos para ver si algún movimiento insignificante y discordante se me ha escapado, algún rastro, tal vez, de una señal del infinito, una mirada, un gesto, un aire melancólico, o una sonrisa, que podría delatar la presencia de la resignación infinita contrastando con lo finito.

Pero no. Examino su figura de arriba a abajo para descubrir si hay en alguna parte una grieta a través de la cual se pueda ver asomar el infinito. Pero no, él es de una sola pieza, en todo. ¿Y qué hay de su postura? Vigorosa, totalmente la de la finitud, ningún ciudadano vestido con sus mejores galas, preparado para pasar la tarde del domingo en el parque, pisa el suelo con más firmeza. Pertenece completamente a este mundo, ningún filisteo más que él. No hay rastro del porte algo exclusivo y altivo que distingue al caballero de la resignación infinita. Disfruta de todas las cosas, se interesa en todo, y persevera en lo que hace con el entusiasmo característico de las personas completamente entregadas a las cosas mundanas. Atiende sus asuntos, y cuando uno lo ve podría pensar que es un empleado que ha perdido su alma haciendo contabilidad doble, es tan exacto. Se toma un día libre los domingos. Va a la iglesia. Pero ningún indicio de nada sobrenatural ni ningún otro signo de lo inconmensurable lo delata, y si uno no lo conociera, sería imposible distinguirlo en la congregación, pues su canto enérgico y viril solo prueba que tiene un buen par de pulmones.

Por la tarde, sale a caminar al bosque. Disfruta de todo lo que ve, de las multitudes de hombres y mujeres, los nuevos omnibuses, el Estrecho; si uno se encuentra con él en el paseo, podría pensar que es un tendero que está pasando un buen rato, tan simple es su alegría; porque no es un poeta, y en vano he intentado atraerlo para que delate algún signo de la desapego del poeta. Hacia la noche vuelve a casa, con un andar tan firme como el de un cartero. En su camino, se pregunta si su esposa tendrá algún pequeño plato especial caliente preparado para él cuando llegue a casa, como seguramente lo tiene, por ejemplo, una cabeza de cordero asada adornada con verduras. Y si se encuentra con alguien de su misma índole, es muy probable que siga hablando de este plato con él hasta que lleguen a la Puerta del Este, y hablar de ello con un entusiasmo propio de un chef. Por casualidad, no tiene cuatro chelines de sobra, y sin embargo, cree firmemente que su esposa seguramente tiene ese plato preparado para él. Si lo tiene, sería una vista envidiable para las personas distinguidas, e inspiradora para la gente común, verlo comer, porque tiene un apetito mayor que el de Esaú. Su esposa no lo ha preparado, extraño, sigue siendo exactamente el mismo.

De nuevo, en su camino pasa por un terreno baldío y allí se encuentra con otro hombre. Se ponen a hablar, y en un santiamén construye un edificio, disponiendo libremente de todo lo necesario. Y el extraño se irá con la impresión de que ha estado hablando con un capitalista, el hecho es que el caballero de mi admiración está ocupado con el pensamiento de que, si realmente llegara el momento, sin duda tendría los medios necesarios a su disposición.

Ahora está recostado en el alféizar de la ventana mirando la plaza en la que vive. Todo lo que sucede allí, aunque sea solo una rata metiéndose en un agujero de alcantarilla, o niños jugando juntos, todo capta su atención, y sin embargo, su mente está en reposo como si fuera la mente de una chica de dieciséis años. Fuma su pipa por la noche, y al mirarlo jurarías que es el verdulero de enfrente que está holgazaneando en la ventana en el crepúsculo de la tarde. Así muestra tanto desinterés como cualquier vagabundo despreocupado; y sin embargo, cada momento que vive compra su tiempo libre al precio más alto, pues no hace el menor movimiento excepto por la virtud de lo absurdo; y sin embargo, sin embargo, de hecho, podría enfurecerme de rabia, si no fuera por otra razón que la envidia, y sin embargo, este hombre ha realizado, y está realizando en cada momento, el movimiento de la infinitud... Ha renunciado a todo absolutamente, y luego nuevamente ha tomado posesión de todo por la fuerza de lo absurdo...

Pero este milagro puede engañar tan fácilmente que será mejor si describo los movimientos en un caso dado que puede ilustrar su aspecto en contacto con la realidad; y ese es el punto importante. Supongamos, entonces, que un joven enamorado se enamora de una princesa, y toda su vida está atada a este amor. Pero las circunstancias son tales que es impensable pensar en casarse con ella, una imposibilidad traducir sus sueños en realidad. Los esclavos de la insignificancia, las ranas en los pantanos de la vida, gritarán, por supuesto: "Tal amor es una tontería, la viuda del rico cervecero es una pareja igual de buena y sólida". Que solo croen. El caballero de la resignación infinita no sigue su consejo, no renuncia a su amor, no por todas las riquezas del mundo. No es un tonto, primero se asegura de que este amor realmente es el contenido de su vida, pues su alma es demasiado sana y demasiado orgullosa para desperdiciarse en una mera intoxicación. No es un cobarde, no tiene miedo de dejar que su amor se insinúe en sus pensamientos más secretos y más remotos, de dejar que se enrosque en innumerables espirales alrededor de cada fibra de su conciencia, si se decepciona en su amor, nunca podrá liberarse nuevamente. Siente un placer delicioso al dejar que el amor estremezca cada nervio, y sin embargo su alma es solemne como la de aquel que ha bebido una copa de veneno y que ahora siente el virus mezclarse con cada gota de su sangre, suspendido en ese momento entre la vida y la muerte.

Habiendo así bebido el amor, y estando completamente absorbido en él, no le falta el valor para intentar y atreverse a todo. Examina toda la situación, convoca sus rápidos pensamientos que, como palomas domesticadas, obedecen cada una de sus señales, da la señal, y ellos se lanzan en todas direcciones. Pero cuando regresan, cada uno llevando un mensaje de tristeza, y le explican que es imposible, entonces se queda en silencio, los despide, se queda solo; y entonces hace el movimiento. Ahora bien, si lo que digo aquí ha de tener algún significado, es de suma importancia que el movimiento se haga de manera normal. Se supone que el caballero de la resignación tiene suficiente energía para concentrar todo el contenido de su vida y la realización de las condiciones existentes en un solo deseo. Pero si uno carece de esta concentración, esta devoción a un solo pensamiento; si su alma desde el principio está dispersa en una serie de objetos, nunca podrá hacer el movimiento: será tan mundano en la conducción de su vida como el financiero que invierte su capital en una serie de valores para ganar en uno si pierde en el otro; es decir, no es un caballero. Además, se supone que el caballero tiene suficiente energía para concentrar todo su pensamiento en un solo acto de conciencia. Si carece de esta concentración, solo hará mandados en la vida y nunca podrá asumir la actitud de resignación infinita; porque en el mismo minuto en que se acerque a ella, de repente descubrirá que olvidó algo, por lo que debe quedarse atrás. Al minuto siguiente, piensa que será alcanzable de nuevo, y así es; pero tales inhibiciones nunca le permitirán hacer el movimiento, sino que tenderán a hundirlo cada vez más en el lodo.

Nuestro caballero, entonces, realiza el movimiento: ¿qué movimiento? ¿Tiene la intención de olvidar todo el asunto, lo que, también, presupondría mucha concentración? No, porque el caballero no se contradice a sí mismo, y es una contradicción olvidar el contenido principal de la propia vida y aún así seguir siendo la misma persona. Y no tiene deseo de convertirse en otra persona; tampoco considera que tal deseo sea muestra de grandeza. Solo las naturalezas más bajas se olvidan de sí mismas y se convierten en algo diferente. Así, la mariposa ha olvidado que una vez fue una oruga, ¡quién sabe si puede olvidar por completo que una vez fue una mariposa y convertirse en un pez! Las naturalezas más profundas nunca se olvidan de sí mismas y nunca cambian sus cualidades esenciales. Así que el caballero recuerda todo; pero precisamente este recuerdo es doloroso. Sin embargo, en su resignación infinita se ha reconciliado con la existencia. Su amor por la princesa se ha convertido para él en la expresión de un amor eterno, ha asumido un carácter religioso, se ha transfigurado en un amor por el ser eterno que, sin duda, le negó el cumplimiento de su amor, pero lo reconcilió de nuevo al presentarle la conciencia permanente de que su amor se conserva en una forma eterna de la cual ninguna realidad puede despojarlo...

Ahora, ya no le interesa lo que la princesa pueda hacer, y precisamente esto demuestra que ha hecho el movimiento de la resignación infinita correctamente. De hecho, este es un buen criterio para detectar si el movimiento de una persona es sincero o simplemente una simulación. Tomemos a una persona que cree que también ha renunciado, pero ¡he aquí!, pasó el tiempo, la princesa hizo algo por su parte, por ejemplo, se casó con un príncipe, y entonces su alma perdió la elasticidad de su resignación. Esto debería mostrarle que no hizo el movimiento correctamente, porque quien ha renunciado absolutamente se basta a sí mismo. El caballero no cancela su renuncia, sino que preserva su amor tan fresco y joven como en el primer momento, nunca lo deja ir simplemente porque su renuncia es absoluta. Lo que haga la princesa no puede perturbarlo, porque solo las naturalezas más bajas tienen la ley para sus acciones en otra persona, es decir, tienen las premisas de sus acciones fuera de sí mismas...

La resignación infinita es la última etapa que precede a la fe, de modo que todo aquel que no ha hecho el movimiento de la resignación infinita no puede tener fe; porque solo a través de la renuncia absoluta me hago consciente de mi valor eterno, y solo entonces puede surgir el problema de volver a agarrar este mundo por virtud de la fe.

Ahora supongamos al caballero de la fe en el mismo caso. Él hace precisamente como el otro caballero, renuncia absolutamente al amor que es el contenido de su vida, se reconcilia con el dolor; pero entonces sucede lo milagroso, hace un movimiento más, extraño más allá de toda comparación, diciendo: "Y aún así creo que me casaré con ella, me casaré con ella por la virtud de lo absurdo, por la virtud de que para Dios nada es imposible". Ahora bien, lo absurdo no es una de las categorías que pertenecen al entendimiento propiamente dicho. No es idéntico a lo improbable, lo imprevisto, lo inesperado. En el mismo momento en que nuestro caballero se resignó, se aseguró de la imposibilidad absoluta, en cualquier sentido humano, de su amor. Este fue el resultado alcanzado por sus reflexiones, y tuvo suficiente energía para hacerlas. En un sentido trascendente, sin embargo, por su misma resignación, la realización de su objetivo no es imposible; pero este mismo acto de volver a tomar posesión de su amor es al mismo tiempo una renuncia a él. Sin embargo, este tipo de posesión no es en absoluto un absurdo para el intelecto; pues el intelecto todo el tiempo sigue teniendo razón, ya que es consciente de que en el mundo de las finalidades, en el que la razón gobierna, su amor era y es, una imposibilidad. El caballero de la fe también se da cuenta de esto plenamente. Por lo tanto, lo único que puede salvarlo es recurrir a lo absurdo, y este recurso lo tiene a través de su fe. Es decir, reconoce claramente la imposibilidad, y en el mismo momento cree en lo absurdo; porque si imaginara que tiene fe, sin al mismo tiempo reconocer, con toda la pasión de la que su alma es capaz, que su amor es imposible, simplemente se estaría engañando a sí mismo, y su testimonio no tendría valor, ya que ni siquiera habría llegado a la etapa de la renuncia absoluta...

Este último movimiento, el movimiento paradójico de la fe, no puedo hacerlo, ya sea que sea mi deber o no, aunque no desee nada más ardientemente que poder hacerlo. Debe dejarse a la discreción de cada persona si desea hacer esta confesión; y en cualquier caso, es un asunto entre él y el Ser Eterno, que es el objeto de su fe, si se puede lograr un ajuste amistoso. Pero lo que toda persona puede hacer es hacer el movimiento de la renuncia absoluta, y yo por mi parte no dudaría en declarar cobarde a quien se imagine que no puede realizarlo. Es un asunto diferente con la fe. Pero lo que ninguna persona tiene derecho a hacer es engañar a otros para que crean que la fe no es algo de gran importancia, o que es algo fácil, cuando en realidad es lo más grande y más difícil de todas las cosas.

Pero la historia de Abraham generalmente se interpreta de una manera diferente. Se alaba la misericordia de Dios que le devolvió a Isaac, ¡fue solo una prueba! Una prueba. Esta palabra puede significar mucho o poco, y aún así todo pasa tan rápido como se cuenta la historia: uno monta un caballo alado, en el mismo instante llega al Monte Moriah, y presto, ve el carnero. No se recuerda que Abraham solo montó un asno que viaja lentamente, que fue un viaje de tres días para él, y que requirió algún tiempo adicional para recoger la leña, atar a Isaac y afilar su cuchillo.

Y aún así se alaba a Abraham. El que debe predicar el sermón puede dormir cómodamente hasta un cuarto de hora antes de predicarlo, y el oyente puede dormir cómodamente durante el sermón, porque todo se hace lo suficientemente fácil, sin mucho esfuerzo ni para el predicador ni para el oyente. Pero ahora supongamos que un hombre estaba presente que sufría de insomnio y que volvió a casa y se sentó en una esquina y reflexionó de la siguiente manera: "Todo duró solo un minuto, solo necesitas esperar un poco, y luego se mostrará el carnero y la prueba terminará". Ahora bien, si el predicador lo encontrara en este estado de ánimo, creo que lo confrontaría con toda su dignidad y le diría: "¡Miserable que eres, dejar que tu alma caiga en tal locura; los milagros no ocurren, toda la vida es una prueba!" Y a medida que avanzara se volvería más y más apasionado, y se sentiría cada vez más satisfecho de sí mismo; y mientras no había notado ninguna congestión en su cabeza mientras predicaba sobre Abraham, ahora siente que las venas de su frente se hinchan. Sin embargo, quién sabe, podría quedarse atónito si el pecador le respondiera de manera tranquila y digna que era precisamente de esto de lo que había predicado el domingo anterior.

Entonces, dejemos de lado toda la historia de Abraham, o aprendamos a asombrarnos del enorme paradoja que constituye su significado para nosotros, para que podamos aprender a entender que nuestra época, como todas las épocas, puede regocijarse si tiene fe. Si la historia de Abraham no es una mera nada, una ilusión, o si se usa solo para mostrar y como un pasatiempo, el error no puede de ninguna manera estar en el deseo del pecador de hacer lo mismo; pero es necesario descubrir cuán grande fue la hazaña que Abraham realizó, para que el hombre pueda juzgar por sí mismo si tiene el valor y la misión de hacer lo mismo. La contradicción cómica en el proceder del predicador fue su reducción de la historia de Abraham a la insignificancia mientras reprendía al otro hombre por hacer exactamente lo mismo.

Pero, ¿debemos entonces dejar de hablar de Abraham? Ciertamente creo que no. Pero si yo hablara de él, primero describiría los terrores de su prueba. Para ese fin, cual sanguijuela, chuparía todo el sufrimiento y la angustia de la angustia de un padre, para poder describir lo que Abraham sufrió mientras conservaba su fe. Recordaría al oyente que el viaje duró tres días y una buena parte del cuarto, de hecho, estos tres días y medio deberían volverse infinitamente más largos que los pocos miles de años que me separan de Abraham. Le recordaría, como creo correcto, que a cada persona aún se le permite dar la vuelta antes de probar su fuerza en esta formidable tarea; de hecho, que puede regresar en cualquier momento en arrepentimiento. Siempre que esto se haga, no temo nada. Tampoco temo despertar un gran deseo entre las personas de intentar emular a Abraham. Pero sacar una edición barata de Abraham y, sin embargo, prohibir a todos hacer lo que él hizo, eso lo llamo ridículo.

Søren Kierkegaard

9 789373 680958

Printed at Repro India Ltd.